AF215744

2. Auflage

© 2018 - 2020 Autor Wilfried Diwisch

ISBN: 978-3-7481-3795-5
Herstellung und Verlag: BoD- Books on Demand, Norderstedt

MIX
Papier aus verantwortungsvollen Quellen
Paper from responsible sources
FSC® C105338

Weihnacht,
einmal anders…

Wenn glänzen hell am Weihnachtsbaum
der Kerzen Lichter unsern Raum
die Hektik ruht.
Und ganz besinnlich
sitzt man zusammen und geht in sich.

So hofft man jedes Jahr auf´s neue,
während man auf das Fest sich freue.

Doch das so oft genug nicht stimmt,
auch wenn man sich das stets vornimmt.

Winteranfang

Das Laub fällt von den Bäumen,
die schon vom Frühling träumen,
bedeckt als Teppich bald den Wald.

Des Winters kalter Frost kommt bald.

Der Kälte alle fliehen.
Tief graue Wolken ziehen
mit stetig fallend Regentropfen,
die raschelnd auf das Laub hin tropfen.

Nasskalt weht Wind von Westen
und holt von letzten Ästen
des Herbstes bunte Wimpel weg.

    Ein Eichhörnchen springt munter, keck,
    und lässt sich nicht abschrecken
    um Vorrat zu verstecken:
    Bucheckern sowie Haselnuss,
    auch Eicheln sind ihm ein Genuss.

    Die werden gut versteckt
    dass keiner sie entdeckt
    und es auch in der Winterszeit
    hat was zum Speisen noch bereit.

Doch manchmal ist der Ort,
der dient als Nahrungshort,
so trefflich und geheim gewählt,
das er, trotz Suche, dennoch fehlt.

    Und wenn ihn findet nicht die Maus,
    dann treibt ein Baum im Frühling aus.

Dezember

Trüb ist´s nun die meiste Zeit
und der Winter nicht mehr weit.

Wuchernd grau wie feuchter Schimmel
hängen Wolken tief am Himmel.
Regen steht auf dem Programm,
macht mit Nässe alles klamm.
Überall liegt braunes Laub,
wenn der Nachtfrost geht auf Raub
und auf Wiesen sieht man Reif,
macht die Trockenwäsche steif.

Kälte kriecht durch jede Ritze
und es friert die Nasenspitze,
auch wenn man ist dick vermummt.
Zwischenmenschliches verstummt.
Jeder nur vorbei noch hetzt,
weil er will ins Warme jetzt.

Doch auch Gutes hat die Zeit
pflegt sie doch Gemeinsamkeit,
denn zuhaus´ im warmen Heim
ist man nun nicht mehr allein.
Zu dem lodernden Kamin
zieht es alle Menschen hin,
und im flackernd´ Feuerschein
lässt sich´s gut zusammen sein.

Man erzählt sich dort Geschichten,
kann von Neuem auch berichten
und erinnert sich an´s Spiel,
was doch allen stets gefiel.

Wieder greift zum Instrumente
im gemütlichen Ambiente
einer und ein schöner Chor erklingt,
weil ein jeder gleich mitsingt.

So rückt man sich wieder nah,
was so selten noch geschah.
Und man denkt im warmen Heim:
Es kann lang Dezember sein!

Blutmond

Es kündet im Dezember rot
der Blutmond von Verderbnis, Not
die in dem Nebelschwaden schweben
und sich draus wie Gespenster heben.

In diesem düstern grauen Schweigen
tanzt scheinbar bald ein Geisterreigen.
Sie wogen hin und her im Finster,
in ihren weißen Tuchgespinster.

Der Mond versteckt sich vor dem allen
bald hinter schwarzen Wolkenballen.
dass nun erhellt sein fahles Licht
den Dunstschleier am Boden nicht.

Da nichts ist richtig mehr zu schauen
packt mich mit Gänsehaut das Grauen,
spür eisig Schattenhände auch,
wenn ist ´s auch nur der Nordwindhauch.

Dass mir im Düstern nichts geschieht
pfeif ich mir laut ein fröhlich Lied.

Teekännchen

Wenn abends fängt 's früh an zu dunkeln
und kühler Hauch zieht durch die Welt,
dann lässt man gern das Feuer funkeln,
um das man sich daheim gesellt.

Es prasseln Scheite im Kamin,
es lodert warm der Flammen Schein.
Der gold'ne Herbst ist längst dahin,
drum bleibt man lieber nun daheim.

Am Stövchen summt die Kanne Tee,
auch Plätzchen duften warm vom Tisch.
Die Kälte draußen tut schon weh,
und eisig Wind von Nord weht frisch.

Der Kandis knistert in der Tasse,
und Löffel klingeln einen Ton.
Der Wind pfeift draußen durch die Gasse
als spotte er der Wärme Hohn.

Doch drinnen sitz man gern zusammen,
erinnert sich vergang'ner Zeit.
Kaum hat der Winter angefangen
schätz wieder man Gemütlichkeit.

Gemeinsam sein bei seinen Lieben
bei Tee und Feuer im Kamin.
Die Kälte ist draußen geblieben.
So zieht der Winter still dahin.

Regennacht

Rabenschwarz ist es dort draußen.
Selbst der Mond verbirgt 's Gesicht.
Kalter Wind, der lässt es sausen.
Und im Haus, da brennt kein Licht.

Tropfen tropfen an die Fenster
manchmal laut und manchmal sacht.
Tropfen klopfen wie Gespenster
in der düstren Regennacht.

Keinen Hund wollt´ jetzt man jagen
in die Nässe dort hinaus.
Nur die Feuerzungen blaken
knisternd vom Kamin heraus.

Schatten wirft das an die Wände.
Unheimlich - mal groß, mal klein -
greifen um sich wie behände,
als wär man nicht ganz allein.

Doch kein Ton ist sonst zu hören.
Nichts erklingt von nirgendwo,
das die Stille könnte stören.
Nur der Wind ums Haus heult froh.

Dumpf das Uhrwerk schlägt die Stunden.
Geisterstunde es bald hat,
wenn der Zeiger will umrunden
einmal noch das Zifferblatt.

Plötzlich ist es blendend grell!
Weißes Licht all überall! -
       Und es leuchtet strahlend hell,
       weil vorbei der Stromausfall.

Raureif

Es wehte kalt aus Nordnordost
bei sternenklarer Nacht
Mit Wind kam Kälte und der Frost,
der alles weiß gemacht.

Verzuckert steht nun jeder Baum
vorm blauen Himmelszelt.
Verzaubernd wirkt der Wintertraum
wie eine Märchenwelt.

Es funkelt weiß wie aus Kristall,
es blitzt im Sonnenschein,
mit Eisnadeln wohl überall
lässt ´s Raureif glitzern fein.

Auch rechts und links am Wegesrand
die Gräser klirren leis´
Der Winter zieht nun übers Land,
auf Pfützen blinkt das Eis.

Warm eingepackt in dicker Jacke
schreckt Kälte einen nicht,
auch wenn es zwickt in Nase, Backe
und auch was im Gesicht.

Mit dickem Schal und Pudelmützen,
fühlt man sich herrlich frei
und schliddert über diese Pfützen
als ob man Kind noch sei.

Wenn jetzt auch noch Schneeflocken fielen,
wär ´s wie ein Kindertraum.
Ich würd´ mit kindlichen Gefühlen
glatt einen Schneemann bau´n.

Blitzeis

Sinkt unter null die Temperatur
gibt es statt Wasser Eis noch nur.
Unsanft wird's jedem eingeblaut,
wenn's ihn auf glattem Eis hinhaut.

Auch Autofahrern oft bei Frost
es Beulen an dem Auto kost',
wenn Kurven er zu schnell genommen
und von der Straßen abgekommen.

Selbst wenn die Sonne tags auf Auen,
versucht das Eis mal aufzutauen –
kaum senkt die Dunkelheit sich nieder
kommt gleich zurück die Kälte wieder.

Verhindern lässt sich selten sie,
die folgenschwere Rutschpartie.
Drum seid doch zu Euch selber nett
und bleibt bei Kälte doch im Bett.

Deshalb: Ist's draußen richtig eisig kalt
ihr's dort bis morgens früh aushalt',
bis dass die Sonne dann aufgeht
und Wasser auf den Straßen steht!

Kalter Besuch

Es hängt im Baum manch trock´nes Blatt.
Frisch weht es kalt von Westen,
bis dieses fegt der Wind herab
und pfeift in kahlen Ästen.

Nachts wird mit Raureif er geschmückt,
verzuckert jeder Zweig
in dem das Licht sich bunt verzückt
durch Sonnens Fingerzeig.

Und eine dünne Schicht aus Eis
zieht gläsern über Pfützen
wie auch der Glockenturm ist weiß
mit einer glitzernd Mützen.

Noch sich die Wolkenballen türmen
hintern dem Kamm der Berge,
lauernd, um bald zu stürmen
mit Schneekristall als Scherge.

Die wirbeln bald im kalten Wind
und fangen Farben ein
bis Braun und Graues weiß bald sind
im fahlen Abendschein.

Bald ist die Erde zugedeckt
mit einem weißen Tuch
darunter alles ist versteckt,
wenn Winter zu Besuch.

Kalt glitzernd liegt nun die Natur
im hellen Mondenschein
Gedämpfte Töne hört man nur.
Wie friedlich kann es sein.

Ganz eisig wird die klare Nacht,
Sternschnuppen Bahnen ziehen.

So schön es auch der Winter macht
wir doch ins Warme fliehen
und freuen uns in frohem Kreis,
dass er uns hergetrieben,
derweil es draußen kalt und weiß,
weil wir bei unsern Lieben.

Gefroren

Hoch droben auf den Tannenspitzen,
kristallbestäubt und leicht verschneit,
sieht man´s wie silbern Sternlein blitzen.
Gefroren hat es - Winterszeit

Ein Hase hoppelt über ´n Schnee,
schlägt Haken voller Wonne,
und spiegelblank liegt still der See,
gefroren in der Sonne.

Am Waldesrand das Reh beäugt
Geäst, verziert auf Bäumen,
die, puderzuckrig dick bestreut,
gefror´ner Reif umsäumen.

Das Bächlein gurgelt durch den Hardt,
gesäumt mit funkelnd´ Rand,
Eiszapfen sind dort schon erstarrt,
gefror´n zum Diamant.

Das Kirchlein trägt die Haube Schnee,
ein Psalm dringt zu den Ohren,
an bunten Fenstern in der Höh´
Eisblumen sind gefroren.

Im weichen Schnee bricht sich das Licht
in tausend Glitzersterne.
Den Schneemann stört die Kälte nicht,
gefroren hat er´s gerne.

Ein Zecher aber, der die Nacht
tat viel im Wirtshaus laben,
bemerkt im Schnee, früh aufgewacht,
er liegt erfror´n im Graben.

Verirrter Schnee

Weißer Winter - oft erhofft -
gibt´s bei uns hier ja nicht so oft.
Nur wenn die Kälte eisig klirrt,
sich auch mal Schnee zu uns verirrt.

Unbemerkt von weiter Ferne
kommen heimlich weiße Sterne,
die grad Kinder so ersehnen.
Und die kalte Winterpracht
still und ruhig alles macht,
wenn die eisig Winde wehen.

Schnee hat sich zu uns verirrt,
von Winterwinden ganz verwirrt,
verzaubert alles mit Kristall.
Schon lange warten da am Bache
die Eiszapfen in stiller Wache
dass Winter wird all überall.

Was da geschah still in der Nacht
zeigt morgens sich als weißen Pracht.
Die Kinder staunend nicht nur schauen,
sie stürmen zu der Schneeballschlacht.
Mit Rodelschlitten geht´s dann sacht,
um Schneemänner zu bauen.

Bald steh´n sie rund, mal groß, mal klein,
als Bauwerke für´s Glücklichsein.
Und dass sie lachen im Gesicht,
so wie die Kinder laut frohlocken
wenn wieder rieseln die Schneeflocken,
da fehlt auch Kohle, Rübe nicht.

Nur wenn des Nachts der Mond dann scheint
ein Häschen vor dem Schneemann weint:
Denn an die Rübe, lecker fein,
die dort im Kopf als Nase steckt
als der Begierde Wunschobjekt,
kommt es nicht ran. - Es ist zu klein.

Schnee

„Es hat geschneit die ganze Nacht!"
die Kinder jubeln – kaum erwacht.

Mir kommt das nicht so sehr gelegen,
weil ich muss nun die Straße fegen,
auch ´s Auto mit der Schneeberghauben
muss mit dem Besen ich abstauben.

Das dauert gut ´ne viertel Stunden,
bis ich den Schneeschieber gefunden,
und unter schneebedeckten Bäumen
beginnen kann, den Weg zu räumen.

Jedoch wohin soll ich die Massen
des Schnees am Ende denn nur lassen?
Entweder kommt man nicht ins Haus
oder mein Auto passt nicht raus.

Das einzige, wo´s wirklich geht,
das wär´ auf Nachbars Blumenbeet.
Als endlich ist mein Werk vollbracht
ein Riesenberg dort breit sich macht.

Zur Arbeit hin mein Auto dieselt
als Schnee schon wieder erdwärts rieselt.
So unterwegs hab ich gedenkt,

ob wohl mein Nachbarn ist gekränkt?
Ob wütend er ist ausgeflippt
und hat den Schnee zurück geschippt?
Soll etwa ich vom Schnee die Massen
im Garten hinterm Hause lassen?

Doch wenn´s nicht anders gehen tut
führ´ ich mit ihm heißen Disput,
bis dass sein Widerstand verschwindet!

Doch war die Sorge unbegründet:

Die Kinder bauten aus dem Berg
´nen Schneemann - hübsch mit Zweigenwerk,
mit Rübe und mit Kohlenstücken
zu Nachbars Freude und Entzücken.

Und weil es schneit die nächsten Tage,
ich die Prognose jetzt schon wage,
dass dann in Nachbars Blumenbeet
bald ´ne Schneemannfamilie steht.

Eiszapfen

Am Hausdach hängt er lang und spitz
wie Glas im Frost.
Ein Sonnenblitz
bricht sich im Eis.
Mit Perfidie
macht dünner das ihn irgendwie.

Kalter Dieb

Da hat sich doch auf leisen Sohlen
der Winter heimlich rein gestohlen
und stiehlt uns täglich manches Stundlein,
die Wärme, Farben und Gesundsein

Erst traut er sich nur her bei Nacht,
wenn ihn die Sonne nicht bewacht,
schleicht frostig durch das Feld, den Wald
und macht mit Reif die Pflanzen kalt.

Beim ersten frühen Morgengrauen
ist meistens er dann abgehauen
und dass nichts von den Taten kündet
hat Nebelkerzen er gezündet.

Doch mit der Zeit wird er dann keck
und geht am Morgen nicht mehr weg,
verlangt nach Schal und Pudelmütze
mit Eis auf jeder Wasserpfütze.

Doch häufig staunt man dann nicht schlecht,
von Winterkleidung passt nichts recht,
denn sie sind scheinbar „eingelaufen".
So müssen wir uns neue kaufen.

Doch tun wir erst nach Winters Willen,
verstreut für Schnupfen er Bazillen,
dass wir für teure Medizin
oft geh´n zur Apotheke hin.

Mit Kälte haben angefangen
sofort auch Start- und Autopannen.
Wir müssen morgens Eis abstreifen
und brauchen nun auch Winterreifen.

Man traut sich kaum noch aus dem Haus
und sperrt die Kälte lieber aus.
Die Heizung wird hoch aufgedreht,
was kräftig in die Kosten geht.

Auch hat der Winter raffiniert
ein Fest grad jetzt so arrangiert,
dass wir zieh´n los mit Wünschelisten
zu kaufen päckchenweise Kisten.

Auch sonst wird nirgendwo gegeizt,
der Backofen oft vorgeheizt
dass Plätzchen oder Gänsebraten
den ganzen Monat gut geraten.

Sind Lichterketten angebracht
beleuchten sie die ganze Nacht
den Baum, das Haus, die Nachbarschaft,
was sich beim Strom bemerkbar macht:
Im Stromzähler ganz schnell rotiert
das Rädchen, was rast wie geschmiert.

Beherrscht der Winter erst die Welt
greift ständig er zu unserm Geld:
Wir brauchen hier und kaufen dort
und zahlen so in einem fort.

Ihr könnt die Winterszeit verklären
und lässt ihn ungestraft gewähren.
Doch mir wurd´ klar, als ich dies schrieb:

Der Winter ist ein kalter Dieb!

Vollmondnacht

Am Himmel droben hat die Bleibe
der Mond, als runde, leuchtend Scheibe.
Erst weiter weg von ihm, in Ferne,
sieht funkeln man ganz schwach die Sterne.

Sein kaltes, weißes Licht die Nacht
fast hell so wie am Tage macht,
und sich bizarr die Schatten zeigen
von dürren Ästen oder Zweigen.

In dieser klaren Vollmondnacht
hat weiß der Winter es gemacht.

Ein weißer Teppich wie aus Samt
bedeckt das Leben insgesamt,
bedeckt die ganze weite Flur,
dass schläft darunter die Natur.

Die Luft ist eisig schneidend kalt.
Dort über 'n dunklen, kahlen Wald
wölbt sich die Himmelshalle,
drin tanzen Schneekristalle.

Da funkelt es in kleinen Blitzen
von Bäumen und von Sträuchern hell.
Ich kommen langsam nun ins Schwitzen,
denn ich will heim nur schnell.

     Wo Wärme ist und, wohlvertraut,
     mich dampfend ein Glas Grog anschaut.

Adventszeit

Das Fliegenkind sprach zur Mama
als es die erste Kerze brennen sah,
dass es so gern erleben wolle,
bis auch die vierte brennen solle.

Denn es, so sagt es der Mama,
den Weihnachtsbaum noch niemals sah
und dass es sich gerade heute
so auf den Weihnachtsabend freute.

Die Mutter sagt: „Kind, du vergisst,
dass Du ´ne Eintagsfliege bist!"

Adventslicht

Advent, Advent! - Kein Lichtlein brennt,
wenn ist mal eine Birne lose,
der Stecker wackelt in der Dose
oder das Kabel eingeklemmt.

Weil ist elektrisch heut´ das Licht
besteht zwar keine Brandgefahr
für Möbel, Haus und Inventar.
Doch leuchtet manchmal es halt nicht.

Die Kerze gibt nur milden Schein,
wenn sie des Abends angezündet.
doch Stimmung man viel mehr empfindet -
vor allem, wenn man nicht allein.

Ein Risiko muss man nur nennen:
Es kann nicht nur das Herz anbrennen!

Adventliches

Da klingt von Kirchen das Gebimmel
und heim'lig leuchten viele Lichter
in freudig strahlen die Gesichter,
wie auch die Sterne hoch vom Himmel.

Ein jedes Jahr man dran erkennt:
Es ist halt wieder mal Advent.

Bald zieht ein Duft durchs ganze Haus
von Anis, Kardamon und Zimt,
die man zum Kekse backen nimmt,
für nachmittags beim Rumtee-Schmaus.

Die Stube wird schön ausgeschmückt,
dass uns vom Alltag was entrückt.

Mit Tannenzweigen, Kerzenschein
verzaubert wird das frühe Dunkel.
und im Geglitzer der Karfunkel
da lässt es sich gemütlich sein.

Im Warmen finden wir zusammen,
wenn hat der Winter angefangen.

Man freut sich auf den Weihnachtsabend,
vor allem, wenn man nicht allein,
auf friedliches Zusammensein,
statt sich allein ins Bett vergrabend.

Drum wird es allerhöchste Zeit
für Freunde und für Herzlichkeit.

Adventsschnee

Fällt Schnee in der adventlich Zeit,
wenn Kerzen man am Kranz aufreiht
verspricht er uns zum Weihnachtsfest,
dass Wünsche sich erfüllen,
um Sehnsüchte zu stillen,
wenn man die Zeit nur machen lässt.

Die Kinder sind ganz ungestüm,
sie woll´n sofort den Schlitten zieh´n.
Aus wenig Schnee bau´n sie Schneemänner,
und eine Schneeballschlacht
wird fröhlich gleich gemacht,
als sei der Winter Dauerbrenner.

Am Weihnachtsmarkt bei Glitzersternen
trinkt Glühwein man, um sich zu wärmen.
Und während Schnee vom Himmel schwebt
und eine weiße Decke sacht
es richtig weihnachtlich so macht,
die Kindheit wieder man erlebt.

Doch bleibt es weiterhin nur grün,
dass Vögel nicht nach Süden zieh´n,
da kommt die Weihnacht ebenso.
Vielleicht liegt unterm Baum
trotzdem erfüllt ein Traum.
Drum bleibt bis dahin weiter froh.

Blickt, wie die Kinder, nicht zurück
freut euch am Jetzt und an dem Glück,
das, wenn auch kurz, kann uns entzücken:
Dann ist ein netter Weihnachtsgruß,
wie Lebkuchen mit Zuckerguss.
Man muss nur suchen und sich bücken!

Dunkelheit

Weich fällt die Schwärze auf die Welt.
Das Leben seine Hast einstellt.
Der Abend breitet aus die Decke,
dass Dunkelheit alles bedecke.

Die Straße leert sich, man entflieht,
ein jeden es nach Hause zieht,
denn fast bedrohlich wirkt es schon.
Die dunkle Decke dämpft den Ton.

Nur scheint die Decke arg zerschlissen,
mit Stopflöchern und eingerissen,
denn in der Schwärze scheint es doch,
dass Licht blitzt durch so manches Loch.

Es kommt aus Fenstern von dem Zimmer,
wo man sich abends sammelt immer,
gemeinsam um ein Licht vereint:
Geborgenheit nach draußen scheint.

Das warme Weihnachtskerzenlicht
uns Hoffnung, Liebe, Freud´ verspricht.
Wenn wir Gemeinschaft neu entdecken
verliert die Dunkelheit den Schrecken.

    Nur auf dem Heimweg gebt gut acht,
    da ist es nämlich tiefste Nacht.

Pudelmütze

Der Winter hat, kurz vor Weihnacht,
mit Schnee die Gegend weiß gemacht.
Es klirrt vor Kälte Stein und Bein
und jeder will im Warmen sein.

Der Pudel Fips, den jeder liebt,
bellt laut umher und jault und fiept,
bis Mama meint: „Kann keiner seh´n,
der Hund, der muss mal Gassi geh´n!“

Die Lisa macht ´nen Schmollemund:
„Ich helf´ der Mama grade… und
der Hansi nur im Weg rumsteht:
Er drum mit Fips gleich Gassi geht.“

Zu wehren sich hat keinen Zweck,
er muss mit Fips draußen ums Eck
und schleicht mit Jacke, Schal zum Haus
samt Pudel in die Kälte raus.

Den kleinen Hund der Schnee verwirrt,
als Hansi mit ihm so ´rum irrt,
weshalb es dauert lange Zeit
bis der für sein Geschäft bereit.

Ganz eisig weht der Winterwind
und frösteln tun bald Hund und Kind.
Da Handschuh´ hat mit Hansi keine,
frier´n ihm die Händ´ samt Hundeleine.
Auch sind ganz rot schon seine Ohren,
die bei der Kälte fast gefroren.

Der Junge hat die Qual der Wahl:
Tut um die Ohren er den Schal,

friert er am Hals erbärmlich bald -
sonst bleiben halt die Ohren kalt.

Dem Pudel auch im kalten Schnee,
dem taten bald die Pfoten weh,
dass er nun jault ganz jämmerlich
bis Hansi hat erbarmet sich.

Er hebt den Fips vom Boden auf
und setzt ihn sich als Mütze auf,
dass oben auf des Hansis Kopf
nun thront ein Puschelpudelkopf.

Das wärmt ihm droben und das Ohr,
wie auch der Pudel nicht mehr fror.
Zudem kann er damit bezwecken
nun seine Hände wegzustecken.

Als er nach Hause so gekommen,
hat Lisas Spott er gleich vernommen:
Er säh´ aus wie ein armer Tropf
mit einem Pudel auf dem Kopf.

Doch Mama schmunzelt nur ganz fein,
weil ihr fiel ein Geschenk da ein.

So kriegt zur Weihnacht Hansi dann
´ne Strickmütze mit Puschel dran.
Der bommelt oben auf dem Ding,
wenn er mit Fips nun Gassi ging.

Weil Hansi von der Mütze schwärmt,
die ihm die Ohren herrlich wärmt,
bald Freunde ihm Bewund´rung zollten…
und alle Pudelmützen wollten.

So kam während der Frostperiode
die Pudelmütze schnell in Mode.

Feuerzangenpunsch

Wenn draußen Kälte klirrt und beißt,
da hab´ ich einen Wunsch
der Feuerzangenbowle heißt.
Komm, mach uns diesen Punsch.

Der rote Wein muss heiß erst sein,
dann drauf den Zuckerhut,
getränkt wird er mit Rum noch fein,
dass brennen er auch tut.

Und in den Sud Gewürzte dann
von Nelken, Anis, Zimt,
Orangensaft kommt auch was dran,
auch man Zitronen nimmt.

Dann wird es schummrig in dem Raum,
der Zuckerhut entflammt,
man sieht die blaue Flamme kaum,
wenn Rum wird abgebrannt.

Ein Duft so süß wie Feentraum,
benebelnd das Gemüt.
Wenn er erfüllt den ganzen Raum
man Engel tanzen sieht.

Und nimmt man dann das erste Schlückchen
das wohlig süß rinnt in den Bauch,
erlebt man gleich vom Glück ein Stückchen
das uns entrückt dem Alltag auch.

Man gleich noch eines nehmen muss,
Gedanken träumend ziehen,
und erst das dritte - welch´ Genuss -
lässt uns der Welt entfliehen.

Doch nun genießt ihn mit Bedacht!
Man muss nicht streng sein wie ein Pater -
doch wer zu viel trinkt in der Nacht,
hat morgens einen bösen Kater.

Feuerzangenbowlenzauber

Mit Rotwein, Gewürzen und Rum, Zuckerhut,
da schmeckt uns der Zaubertrank winters gar gut.

Vom Geist und Aroma bald gänzlich durchgedrungen
hebt er unsre Stimmung und löst uns die Zungen.

An süßheißem Tranke ein jeder gern labt,
bis schließlich er mehr als ein Glas nur gehabt.

Und schöne Erinnerung schwebt durch den Raum,
an die man schon lange gedacht hatte kaum.

Man neigt sich zum Nachbarn, rückt näher zusammen,
vom Weinhauch und Freundschaft ganz eng bald umfangen.

Die Tagesprobleme, die schrumpfen zu Zwergen,
die winzig sich hinter dem Frohsinn verbergen.

Ein Zauber, der lässt unser Herz überfließen,
und Freude am Leben wird wahrlich zum Riesen.

Wundertrank

Gar seltsam ist´s, dass nur darum,
weil paar Gewürze und was Rum
im Weine , den man dann erhitzt
gleich steigern Spaß, Humor und Witz.

Vielleicht ist´s auch der Zuckerhut,
der da zerschmilzt in Feuersglut,
dass Fröhlichkeit glatt überschäumt
und jeder fühlt sich aufgeräumt

Vom Kupferkessels blaues Licht
befreit Gedanken einfach schlicht,
verzaubert uns und ihm entschwebt
ein Wohlgefühl, wie gut man lebt.

Schon möglich, denke ich im Stillen,
bewirken auch die paar Promillen,
dass sich so öffnet Sinn und Geist ,
was sich in Wort und Spruch beweist.

Egal, was an dem Wundertranke
ich meinem Übermut verdanke,
denn ich hab einfach nur entdeckt,
dass er mir wunderbar gut schmeckt.

Vom schönen Rausch brauch ich noch mehr,
drum reicht ein weit´res Glas mir her!

Eierpunsch

Im Winter ist mein größter Wunsch,
aus Eiern wird ein Eierpunsch,
denn Branntwein in der gelben Masse
verleiht den Eiern doch erst Klasse.

Dazu, weshalb man dafür schwärmt,
er auch bei Frost am besten wärmt,
fühlt wohlig an sich dann im Bauch
und das Gehirn erhitzt er auch.

Wird durch den Punsch man leicht beschwipst
schießt in den Sinn es und dann itzt
hat man auf einmal dumme Reime,
wie einfallen mir doch sonst keine
und schließlich müsst ihr es ertragen,
das ich mich trau´ sie vorzutragen.

Weihnachtsmarkt

Wenn endlich dann in dem Advent
zuhaus´ die erste Kerze brennt,
dann denkt man, nun kommt wohl die Zeit
der Ruhe und Besinnlichkeit.

Deshalb will man, trotz Einkaufsrummel,
gemütlich übern Markt nun bummeln,
nach Buden und nach Ständen schauen
sich an den Glühweinstand mal trauen,
um familiär in Einigkeit
genießen dort die Weihnachtszeit.

Warm eingepackt, weil Schnee schon rieselt
im Auto man zum Markt hindieselt.
den irgendwo man dann einparkt,
weil Frau und Kinder woll´n zum Markt.

Am Karussell ist erster Halt,
die Kinderschar sich um mich ballt,
weil alle wollen, für Sekunden,
zu Pferd, in Kutsche dreh´n paar Runden.

Vom Bratwurststand ein leck´rer Duft,
die Meute zu dem Imbiss ruft.
Ob nun mit Ketchup oder Senf
werden die Brötchen heiß umkämpft.

Nun geht´s zum Stand mit Schokolade.
Ich find´ genügen Kleingeld grade
um mit den bunten Süßigkeiten
den Kindern Freude zu bereiten.

Vom Stand mit Schmuck und solch Gezier´,
die Frau wegzieh´n misslingt mir hier,
weil´s Glitzern lässt ihr Auge strahlen,
was ich darf schließlich dann bezahlen.

Endlich der Halt am Glühweinstand.
Gleich hab ich mir die Hand´ verbrannt
an heißem Wein mit Anis, Zimt,
von dem man gern paar Schlückchen nimmt.

Wird´s Portemonnaie auch langsam dünn
treibt ´s uns zum nächsten Stand gleich hin.
„Der Weihnachtsschmuck, der sei so nett…“,
sagt meine Frau, die ihn gern hätt´:
„…was ich denn davon halten tät,
zum Einkauf wär´s noch nicht zu spät.“

Aus vielem, was ihr da gefällt,
wird eifrig vieles ausgewählt,
als ob zuhause nicht aus Kisten,
wir manches wollten schon ausmisten.

Noch and´re Stände und auch Buden
verzaubern Mädchen, Frau und Buben.
Ich werd´ gezerrt und hingeschoben
um zu bezahlen die Kostproben.

Es wird ja wirklich schon vertrackt,
inzwischen tütenschwerbepackt,
muss ich am Stand für Weihnachtskuchen
nach meinen letzten Groschen suchen.

Drum will der Hektik ich entflieh´n:
„Lasst endlich uns nach Hause zieh´n,
wo Ruhe herrscht ohne Gewühl
und etwas mehr Weihnachtsgefühl.“

Nach Murren und mit Missbehagen
wir fanden endlich unsern Wagen,
und unterm Scheibenwischer klemmt,
ein Knöllchen.

„Fröhlicher Advent!“

Am Glühweinstand

Es ließ nicht einfach nicht vermeiden,
dass sie und ich - also wir beiden -
bummeln am Weihnachtsmarkt hin zu den Ständ´.
Es war halt wieder mal Advent.

Dort waren schon in großer Menge
viel Leute, dass in dem Gedränge
man wird geschoben und gedrückt.

Nur meine Frau, die ist verzückt.
„Wie schön", höre ich sie oft sagen,
„Wie süß", dass mich die Sorgen plagen,
was man sonst billig kann erstehen,
ist hier sehr teuer nur zu sehen.

Sie zerrt von Stand zu Stand mich weiter,
doch bin ich ihr ein schlecht´ Begleiter,
bis schließlich ich die Lösung fand:

„Du schaust. - Ich geh´ zum Glühweinstand!"

Die Budenzahl ist riesengroß.
Bei welcher ich verweile bloß?
Drum ich entscheide zu probieren,
welch Glühwein könnte mich verführen.

Am ersten Stand der Wein ist sauer.
Am zweiten bin ich schon ´was schlauer,
dass ich erst einen Schluck probiere,
trotz Werbetafeln-Hingeschmiere.

Doch darin ist mir zu viel Zimt,
beim nächsten nicht der Rotwein stimmt,
und erst am dritten werd´ ich heiter:
Hier schmeckt ´s, hier trink ich gerne weiter.

Denn der ist herrlich süß und heiß,
dass ich beim ersten Schlückchen weiß,

der wird mit richtig gut bekommen,
und hab ein zweites Glas genommen.

Denn Anis, Muskat, Nelken, Zimt,
was alles man zum Würzen find,
ist lecker in dem Trunk vermischt
und wird noch günstig aufgetischt.

Bald das Gebräu glüht mir im Bauch
und wärmt die steifen Finger auch
am heißen Glas, das ich umfasse
der Weihnachtsmarktgedächtnistasse.

Den gibt es auch mit einem Schuss!

Ein wahrer Glühweinhochgenuss!
Statt Glas ich nun ´nen Schoppen nehm´,
weil der beim Trinken mehr bequem.

Beim vierten schwebe ich im Glück.

Da kommt doch meine Frau zurück:
„Ich hab was Schönes da geseh´n,
du musst mit mir dorthin jetzt geh´n,
mir kaufen was gefällt mir sehr.“

Doch leider ist die Börse leer -
nichts wird´s mit den Geschenken kaufen.

„Dass du dich immer musst besaufen!“
am Heimweg sie noch lamentiert,
weil ich mich heut´ hab amüsiert.

Zwar muss am nächsten Wochenende
zum Weihnachtsmarkt mit Buden, Stände,
mit Weihnachtsmusik, Lärm und Rummel
ich nochmals mit zum Einkaufsbummel.

    Doch hab ich nicht die Qual der Wahl:
    Ich weiß, wo trink ich nächstes Mal.

Mogelpackung

Nichts ist's mit einem Einkaufsbummel
bei diesem Kaufrausch-Weihnachtsrummel.
Nur Hektik, Eilen und Gedränge
am Weihnachtsmarkt in Menschenmenge.

So kauft man oft vor lauter Qual
was angeboten ohne Wahl.

Erst nach dem Einkauf man entdeckt
was wirklich in der Packung steckt.
Drum glaubt bloß nicht ganz unbesehen
was auf der Packung mag draufstehen:

Mir fallen gleich „Wachs"kerzen ein,
die, statt zu „wachsen", werden klein.

Vom „Rausch"goldengel eben nicht
wird man „berausch", wie man verspricht.

„Lamm"etta – nicht einmal zum Schein –
hat gar nichts mit dem „Lamm" gemein.

Mit „Leb"kuchen dasselbe eben,
weil die sind längst nicht mehr am „Leben".

Auch „Plätz"chen, welcher Art auch immer,
die „platzten" bisher nie und nimmer.

Und nicht vom Himmel weit und ferne
herabgefallen sind Zimt"sterne".

Auch feiner „Spekk"ulatius,
enthält kein „Speck" für den Genuss.

So ist es auch mit „Pfeffer"nüssen
die „Pfeffer" doch enthalten müssen.

Genauso auch beim „Grumbeer"kuchen"*,
da kannst du Süßes lange suchen.

Und die Schokladen-Niko"laus"
springt nie aus dem Stanniol heraus.

Selbst „Glüh"wein, den man dunkel stellt,
kein bisschen „glüht" oder erhellt.

So wird zu Weihnacht - ungelogen -
beim Einkauf stetig man betrogen.

* „Grumbeerkuchen" = Kartoffelreibeplätzchen

Weihnachtsgruß

Ein Weihnachtsgruß, so denk man oft,
zu Weihnacht kommt nicht unverhofft,
denn viele fühlen sich verpflichtet,
dass man denselben an den richtet,
der einem selbst wohl schreiben sollte,
damit Verbundenheit er zollte.

So gehen Briefe hin und her,
der Briefträger trägt daran schwer,
weil wir sind so darauf versessen
auf den Beweis für´s „Nichtvergessen"
und reiht sie auf, ganz voller Stolz,
sichtbar auf dem Kommodenholz.

Das führt bei manchem gar soweit,
dass Freundschaft wird zur Fleißarbeit
und in den Karten, wie verhext,
steht immer nur derselbe Text,
obwohl die Freunde so verschieden:
Persönliches ist weggeblieben.

Erspart Euch doch das Kartenschenken;
wichtig ist nur, an sie zu denken.

Weihnachtskarte

Wenn naht nun bald die Weihnachtsnacht
und kurz danach das Jahr auch endet,
da werden Grüße Dir gesendet,
als ob man Deiner stets gedacht.

Du bist berührt ganz angenehm,
dass Dir da jemand hat geschrieben,
von dem erinnernd nichts geblieben,

     doch hebst sie auf - trotz alledem.

Plätzchenduft

Anis, Zimt und Tannenzweige
Apfelsinen in der Steige,
Lebkuchen-, Vanilleduft
liegen süßlich in der Luft.
Denn es ist endlich Advent,
wenn das erste Lichtlein brennt.

Nun gibt´s wieder, das ist fein,
Weihnachtsplätzchenbäckerei´n.

In der Küche wird es enge:
Mutter, Kinder, Backgedränge,
denn ein jedes will mitmachen
wenn entsteh´n so leck´ren Sachen.

Nur der Vater hält sich fern,
will nicht im Gewusel stör´n.
Ungestört im Arbeitszimmer
gießt er Rum zum Tee wie immer,
wenn es kalt wird draußen wieder.

Leise klingen Weihnachtslieder.

Kinder mit ganz roten Wangen
übereifrig gleich anfangen:
Schüsseln scheppern, Kinderstimmen,
Eier bald im Milchsee schwimmen,
Mutter kann es nicht verhüten,
als Klaus greift zum Mehl in Tüten
und er schüttet, bis es staubt,
wobei er sich Rosinen klaut.

Zucker, Eier und Gewürze
man noch in die Schüssel stürze,
knetet alles, bis der Teig

sich als gold'ner Klumpen zeigt.
Ausgerollt, mit Förmchen stechen,
liegt zum Backen er auf Blechen.

Lisa mit den blonden Zopf,
schmilzt Schok'lade in dem Topf,
die man braucht für die Glasur,
schleckt was mit dem Finger nur,
Klaus stibitzt sich mit mehr Glück
Marzipan - ein großes Stück.

Auch so manchen Mandelkern
haben beide Kinder gern
und sie naschen manchen Bissen
von Korinthen und von Nüssen.
Mutter bremst dann die Begierde,
dass was übrig bleibt zu Zierde.

Endlich sind die Plätzchen braun
und gar lieblich anzuschau'n:
Tannenbäumchen, Mond und Sterne,
wie sie Kinder mögen gerne.
Und nun wird ganz raffiniert
jedes Plätzchen dekoriert.

Schokolade zur Glasur,
manches mit 'ner Mandel nur,
bunter Streusel und Korinthen,
Zimt auf die Gewürzeprinten,
und Rosinen – alles macht,
dass die Plätzchen eine Pracht.

Klaus noch mal die Lisa neckt,
als sie ihren Topf ausschleckt.
Dann sie stürmen aus der Küche.
Mit ihnen die Wohlgerüche,

dass auch Vater hin stolziert
und vom Backwerk was probiert.

Mutter nun die Küche putzt
spült und wischt was grad genutzt,
bis ist alles blitzeblank,
doch sie erntet keinen Dank.

Denn die Kinder währenddessen
gleich die schönen Plätzchen essen
und die Welt um sich vergessen,

wenn es riecht so wunderbar,
wie´s nur einmal ist im Jahr.

Weihnachtspäckçhen

Wie es im Advent ist immer
schleichen Kinder durch die Zimmer,
weil die Neugier ist erwacht,
wenn es naht die Weihnachtsnacht.

Und sie suchen in den Schränken
in Regalen, in den Bänken,
ob vielleicht man dort entdeckt
was von Eltern wurd´ versteckt.
Endlich ein Triumphgeschrei
und die andern eil´n herbei,
denn der Jüngste, unterm Brett,
fand was unterm Elternbett.

Und sie kommen, und sie staunen,
rätselnd miteinander raunen,
was wohl in dem großen Ding
wäre wohl für wen wohl drin.
Denn den Blicken klug entzogen
ist das Ding papierbezogen,
auch verklebt und zugeschnürt,
dass kein Kind nur daran rührt.
Auch kein Schütteln, was sie taten,
will den Inhalt so verraten,
und die Form von dem Paket
nicht im Wunschzettel wo steht.

Plötzlich klingt von unten leise
eine wohlbekannte Weise.
Schreck jäh in die Kinder fährt,
weil die Eltern heimgekehrt.
Alles wird ganz schnell verstaut
und das Bett zurück gebaut,

dass nur unbemerkt es sei
ihre Weihnachtsspitzelei.

    Unten klingt das Lied noch nach:
    „Dreimal werden wir noch wach…"

Tannenbaumwunsch

Ein Tannenbaum, der reckt sich stolz,
damit man ihn zuerst abholz´,
um´s Wohnzimmer zum Fest zu zieren,
statt draußen steh´n im Wald
                und frieren.

Der Wunderweihnachtsbaum

Ihr werdet glauben mir es kaum,
dass ich im Sommer ungelogen
fand kerzengrade, nicht verbogen,
schon meinen schönsten Weihnachtsbaum.

Im Wuchs gleichmäßig, ziemlich groß.
Der Schönste von den Besten!
Hellgrüne Nadeln an den Ästen.

Und was besonders war famos:
Die war'n ganz weich – gar nichts da sticht,
stellt fest ich voll Entzücken,
weil ich den Baum muss schmücken.

Ich hätt' zerstoch'ne Hände nicht,
wie 's sonst zu Weihnacht immer war,
weil stachlig' Nadeln schmerzen
beim Schmuck mit Lichterkerzen,
mit Kugel und Lametta gar.

Beim Bauern Hinrich tat er stehen,
im Hof so ganz allein
Ich meinte gleich: Mein muss der sein!
Kaum hatt' ich ihn gesehen,

Der Bauer fand die Wahl sehr fein.
Er reicht' mir gleich die Hand.
Denn weil er ihm im Wege stand
sollt' er gefällt schon lange sein.

Als Weihnachtsbaum? - Das fand er stark,
wobei er grinst und etwas lacht.
Der Handel war schnell abgemacht
für nur rund 80 Mark.

Vor Weihnacht rief der Bauer an,
ich könnt den Baum abholen,
und mir dabei empfohlen
„Häng besser dir ´nen Hänger dran,
der Baum ist fast 3 Meter groß -
ich hab ihn nachgemessen!
Im Auto kannst du das vergessen.
Wo stellst du den denn auf nur bloß?"

Ganz voller Freude fuhr ich los.
Wie würden alle raunen,
den Weihnachtsbaum bestaunen,
der wunderschön und makellos.

Da lag er, grad frisch abgesägt,
mein toller Weihnachtsbaum.

  Doch keine Nadel mehr er trägt.
  Nur kahle Äste noch zu schau´n.

  Der Bauer Hinrich macht mir klar,
  der Baum, der zählt mitnichten
  zu Kiefern, Tannen oder Fichten,
  weil es halt eine Lärche war.

  Und die verliert, wie sonst das Laub,
  zum Winter ihre Nadeln.
  Ich könnte ihn nicht tadeln,
  der Handel sei kein Raub.

Welch Krunkel ich als Weihnachtsbaum
grad noch am Markt bekommen,
erschien mir zwar als ein Alptraum -
doch hab ich ihn genommen.

Weihnachtsbaumklau

Vom Walde draußen bin ich her!

Ich wusste gleich, es weihnachtet sehr,
als dieser Kerl mit Beil und Schlitten
wohl um des Weihnachtsbrauches Sitten
verdächtig um mich rumgeschlichen
und Angst hat mich sofort beschlichen:
Der will mich aus dem Wald hier klauen!

Da fängt er an mich umzuhauen...

Au, au! Das tut gar höllisch weh! -
Und kurz darauf lieg ich im Schnee.

Er zurrt mich fest auf seinem Schlitten
und enge Pfade werd´n beschritten.
weil auch womöglich diese Stunde
der Förster macht grad seine Runde.

Inzwischen ist es lausig kalt.
Er hastet eilig durch den Wald,
fliegt über eine Wurzel hin
und schrammt sich dabei auf das Kinn.
Ich bin nun richtig schadenfroh
dass er verletzt ist ebenso
und wenn der hat mich erst zuhaus´
geh´n mir vor Wut die Nadeln aus.

Als er bleibt steh`n, um zu verschnaufen
bemerkt er, dass er sich verlaufen,
sucht fluchend dann am Waldesrand
bis er sein Auto wiederfand.
Wirft mich - er hat ihn offen kaum -
samt Schlitten in den Kofferraum

und startet,... aber, tuck, tuck, tuck,
das Auto macht nicht einen Ruck.

Wär´ nicht der Förster noch gekommen,
der ihn ins Schlepptau hat genommen,
nachdem bezahlt er eine Strafe
nach Waldesfrevelparagraphe,
er stünde dort noch sicherlich.

  Ja, Weihnachtsbäumchen klaut man nicht!

Das Tännchen

Im Wald steht in der heil´ gen Nacht
ganz unterm tiefen Schnee gebückt
ein Tännchen, das ward nicht gedacht,
dass Menschen es dies´ Jahr beglückt.

Der Förster ließ es dort allein,
weil es ihm nicht gefallen.

Ein eisig´ Wind fegt durch den Hain,
mit wirbelnd´ Schneekristallen.

So frierend bei der Flocken Tanz
kann´s nur von Weihnacht träumen.

Die Freunde steh´n im Lichterglanz
geschmückt in warmen Räumen.

Ganz festlich ist es ringsumher,
und Düfte zieh´n durch Zimmer,
bewundert werden sie gar sehr
im milden Kerzenschimmer.

Und Kinderstimmen jubeln froh
sobald sie unterm Baum entdeckt,
was Christkind ganz inkognito
hat heimlich unter ihm versteckt.

So mancher Weihnachtsbaum erlebt,
Besinnlichkeit und alten Brauch,
wo man vor allem ist bestrebt
zu finden zueinander auch.

Hell strahlend und in funkelnd´ Pracht
da steh´n die Weihnachtsbäume
im Mittelpunkt der Weihnachtsnacht,
erfüllen Wunsch und Träume.

Doch ist vorbei das hohe Fest,
wird jeder Baum schnell abgeschmückt
und dann zerlegt der trockne Rest,
den man zur Müllabfuhr gleich schickt.

Das Tännchen dort im kalten Wald
steht da jedoch in frischem Grün,
und bis der Frühling kommt dann bald
hat es dem Förster längst verzieh´n.

Weihnachtshetze

Herum gejagt und abgehetzt
hat man den Weihnachtsbaum im Netz,
damit nach Hause schnell gewetzt.
wegen dem Wuchs sich noch gefetzt,
mit Kerzen, Schmuck ihn noch besetzt,
Geschenke eingepackt zuletzt.

Sich dann erschöpft daneben setzt,
merkt man zu guter aller Letzt:
Von Weihnachtsruhe jeder schwätzt.

Kein Katzenjammer

Zum Weihnachtsfest gibt es viel Hetze:
Man kocht und backt das allerbeste
und dekoriert die Weihnachtsschätze
für die Familie und die Gäste.

In Kaufhäusern, am Markt, im Laden
man drängelt, schiebt und wird gedrückt,
bis mit Geschenken man beladen
genervt die Börse nochmals zückt.

Statt „friedlich", wie so gern benannt,
wird stressig so die Weihnachtszeit -
ein menschlicher Adventszustand.

Beim Tier geht das niemals so weit:

Der „Filou", unser Stubentiger,
leckt sich sein graugestreiftes Fell,
gibt schnurrend sich als artiger,
verfressen, braver Hausgesell:

Ihn lockt nicht das Glockengebimmel,
Knecht Ruprecht aus dem Weihnachtshimmel,
auch Kerzen nicht, die angezündet -
nur ´s Klappern, das vom Futter kündet.

Dann sieht man seine Beine fliegen,
sieht ihn um Küchenkurven biegen,
um danach mit gefüllten Därmen
sich wieder vorm Kamin zu wärmen.

Nicht nur vielleicht, sondern bestimmt
am Tier man sich ein Beispiel nimmt:
Mit Ruhe und Gelassenheit
genießt die schöne Weihnachtszeit.

Lasst Hektik draußen vor der Türe
und kriegt so nie Magengeschwüre.

Weihnachtsruhe

Ich zähle zwar nicht zu den Frommen,
doch kann bald das Christkind herkommen,
mir Wünsche erfüllen
und Tagträume stillen,
da bin ich nicht voreingenommen.

Zu Weihnacht, mit Glühwein im Glase
und Bratgansgeruch in der Nase,
kann´s draußen im Freien
auch regnen und schneien -
hier drinnen ist meine Oase.

Die Hektik darf draußen nun bleiben,
keine Streiten und kein An-sich-reiben.
Nur noch Harmonie
mit der Familie -
da ich lass mich glücklich nur treiben.

Vermeide so mögliche Ränke
sinniere, an was ich wohl denke
und ruhe mich aus
bei Frieden im Haus,
still wartend auf meine Geschenke.

Weihnachtsgeschenk

Und kommt zu schnell die Weihnachtszeit,
wie jedes Jahr. - Es mich nicht freut,
denn vorher muss ich noch bedenken,
was soll ich dieses Jahr bloß schenken.

Schmuck meiner Frau? Liegt nur im Kasten!
Auch Kleidungsstücke, die nicht passten,
bereiten dann am Weihnachtsbaum,
so richtig Freude wirklich kaum.

Auch Teppichsauger, Bügeleisen,
ihr nicht die Liebe recht beweisen,
meint sie doch, dass ich so bezweck',
mich drücken vor der Arbeit Dreck.

Was hab ich alles schon gehört,
was sie an dem Geschenk gestört:
Likör, bedeutet, sie würd' trinken
Parfüm könnt' heißen, sie würd' stinken,
ein Buch, sie hätte nichts zu tun,
und könnt' sich, so wie ich, ausruh'n.

Und Elektronik? - Wär' nicht schlecht -
gefällt ihr aber auch nicht recht
und die Geschenke dann zum Schluss
ich laufend ihr bedienen muss.

Kann man der Werbung etwa trau'n,
die preisen an was für die Frau'n?
Als wüssten die's nicht besser
sie bieten Mixer an und Messer;
vermitteln auch mit Kochgerät
und Pfannen nur Banalität.

Ein Gutschein macht auch nicht viel her.
Zum Basteln reicht die Zeit nicht mehr,
um sie mit etwas zu beglücken,
das ihr entlockt wahres Entzücken.

Wie soll ich denn bei dem Gehetze,
ihr zeigen, wie sehr ich sie schätze?

Ich könnte hier am Tisch verweilen
und schreiben ihr paar nette Zeilen,
vielleicht sogar in Vers und Reim?
Das könnte ein Geschenk auch sein!

Drum komm´ ich hier zum End´ und Schluss,
weil ich mein´m Schatz was dichten muss.

Weihnachtsleckereien

Man Anis und auch etwas Zimt
zum Weihnachtsplätzchenbacken nimmt.
Dann Zucker, Butter und Gewürze
zu Mehl und Eiern man reinstürze,
die ganze Masse gut noch rühren,
bis sämig ist der Teig zu spüren.

Die goldne Masse voller Stolz
rollt aus man mit dem Nudelholz,
und sticht mit hübschen Ausstechformen
Figuren aus in Weihnachtsnormen.
Ob Tannenbaum, ob Herz, ob Stern,
auch Mond und Kreise hat man gern.

Nun wird mit Zuckerguss verziert
mit bunten Streuseln dekoriert,
mit Puderzucker weiß beschneit,
Mandel und Nuss drauf aufgereiht,
mit Marmelade auch gefüllt,
mit Schokolade schwarz umhüllt.

Bald füllt sich jede Weihnachtsdose,
in Schalen aufgestapelt lose,
dass bald vom Weihnachtsplätzchenschmaus
zieht süß ein Duft durch ganze Haus,
verlockt, was Süßes zu erhaschen
und von den Leckereien zu naschen.

Nur eines macht uns noch Verdruss,
was schnell deshalb verschwinden muss:
Ihr sicher es sofort erahnt:
Die Waage, die uns täglich mahnt,

52

wie sich die Pfunde aufaddieren,
dass man sich dafür will genieren.

Drum wird sie vor den Feiertagen,
gleich in den Keller weggetragen
und in das fernste Eck verbannt
bis alle Kerzen abgebrannt.

So lässt es leichter sich vermeiden,
unter Gewichtszuwachs zu leiden,
was sich auf Hüften und am Bauch
bemerkbar macht durch ´s Naschen auch.

Zugleich der Vorsatz wird gefasst:
Ab Neujahr wird nicht mehr geprasst
weil man dann brav abnehmen will.

Doch bis dahin schlemmt weiter still,
genießt, die Leckerei und esst.

Ich wünsche euch ein Frohes Fest!

Weihnachtszeit

Bleib einmal steh´n und haste nicht,
verweile mal beim Kerzenlicht.

Lass diese wilde Welt sich dreh´n
und hab das Herz, sie nicht zu seh´n.

Lass Deine Stimme einmal ruh´n
und hab den Mut zum Garnichtstun.

Hab einmal Zeit für Dich allein,
zum reinen Unbekümmertsein.

Besinne dich, was wirklich wert,
was dir das Leben nicht beschwert.

Sei wieder Mensch und wieder Kind
und spür, wie Kinder glücklich sind.

Vergiss die Sorgen, Ärger, Leid,
genieß´ nur froh die Weihnachtszeit.

Frohe Weihnacht

„Frohe Weihnacht" soll es heißen!

Kerzen hell am Christbaum gleißen,
spiegeln sich in Kugeln, bunten,
oben, hinten, vorne, unten,
und Musik spielt leise auch,
wie es jedes Jahr ist Brauch.

Gern erinnert man sich dran
an den lieben Weihnachtsmann,
dessen Kommen heiß begehrt,
weil er einst uns schön beschert
und sich unterm Tannenbaum
hat erfüllt manch Kindertraum.

Doch auch heut, nach vielen Jahren,
wir den Glauben uns bewahren,
dass zur schönen Weihnachtszeit
uns beschert wird Fröhlichkeit,
Freude, Liebe und was Frieden
zu dem Fest im Kreis der Lieben.

Mistelzweig

´ne Mistel, hoch droben am Baum
konnt´ weit in die Landschaft dort schaun´.
Vor allem wenn´s kalt
und blattlos der Wald
mit Fernweh sie träumt´ manchen Traum.

Als sei dann erhört ihre Bitten
wurd´ sie eines Tags abgeschnitten.
„Nun seh´ ich die Welt!"
Doch leider für Geld
am Weihnachtsmarkt hat sie gelitten:

Mit andern, ganz unten im Haufen,
tat sie für ´ne Reise sich raufen.
Die Beeren war´n weg,
sie sah aus wie Dreck
und keiner wollt´ sie da mehr kaufen.

So ist sie halt übrig geblieben.

Ein Pärchen sah schließlich sie liegen.
Vom Brauchtum sie wissen,
sich so drunter küssen,
weil sie herzlich innig sich lieben.

„Nicht viel von der Welt ich gesehen",
die Mistel musst´ sich eingestehen,
„doch der schöne Brauch
tut´s schließlich doch auch -
wenn ich bin dafür ausersehen."

Fröhliche Weihnachten

Der Weihnachtsmann will sich bemüh´n,
doch fehlt ihm Schnee zur Weihnachtszeit
und rundherum ist alles grün.

Mit Schlitten kommt er da nicht weit.

Und außerdem kommt Konkurrenz:
Da hoppelt doch der Osterhase,
der meint, dass jetzt schon sei es Lenz,
und Eier er versteckt im Grase.

Der Weihnachtsmann, der staunt und sitzt
am Schlitten, der nicht gleiten will;
er unterm dicken Mantel schwitzt,
weil seine Rentiere steh´n still.

Was soll´n die Kinder von ihm denken,
wenn er die Päckchen nicht verteilt?
Wie soll er sie denn nur beschenken,
wenn ihm die Zeit so schnell enteilt?

So muss der Hase ihm halt helfen!
Die Kiepe wird schnell umbestückt.
Mit ihm und ein paar Weihnachtselfen,
die Überraschung doch noch glückt!

So gibt´s, die Kinder glauben ´s kaum,
Geschenke in ´nem Osternest,
die liegen unterm Tannenbaum,
zum grünen Weihnachtsfest.

Weihnachtsmann in Nöten

Es scheint die Sonne, sprießt der Klee,
doch nirgends nur ein Fleckchen Schnee!
Von „Weißer Weihnacht" keine Spur,
das dudelt aus dem Radio nur.

Sogar hier drinnen in dem Haus
da treibt der Tannenbaum schon aus
und neben Kugeln, Kerzen blitzen
an ihm hervor schon grüne Spitzen.

Da frag ich mich, wie denn mit Schlitten
der Weihnachtsmann kommt her geritten?
Auch wenn er durch die Lüfte reist
braucht er zum Landen Schnee und Eis

Gar unsanft würde es da stocken,
die Rentiere vielleicht auch bocken,
denn auch der Start wär´ richtig mies
so stark erschwert auf Sand und Kies.

Bei diesem Wetter, wie ist ´s heut´
braucht er dadurch glatt doppelt Zeit,
dass er es schaffen wird wohl kaum
zu jedem Kind beim Weihnachtsbaum.

Wenn ist der Weihnachtsmann in Nöten
geht so noch die Bescherung flöten.
So hofft, wer an 3 König denkt,
dass er bis dahin wird beschenkt.

> Doch eigentlich er schafft es ja
> sogar im heißen Afrika.

Das Herz gehört dazu

Wenn am Adventskranz wärmt der Schein
von dreien der vier Kerzen,
stellt weihnachtlich´ Gefühl sich ein
und warm wird´s auch im Herzen.
Gemeinsamkeit ist angesagt,
man kommt endlich zur Ruh´
und jeder merkt es ungefragt:
Das Herz gehört dazu!

Dass ich das Weihnachtsessen mache.
war familiär beschloss´ne Sache,
wobei es hieß: Ach ja, er kann´s,
der macht uns wieder Weihnachtsgans.

So bin zum Metzger ich gelaufen,
um eine frische Gans zu kaufen.
weil mir das Töten und das Schlachten
noch niemals rechte Freude machten.
Die Auswahl, die war nicht gering,
so kaufte ich ein fettes Ding.

Jedoch zuhaus´, da merkt ich wohl,
die Gans war innen völlig hohl!
Von Innereien keine Spur.
Was dacht´ sich da der Metzger nur?
Brauch ich doch für´s Füllungsragout
die Innereien auch dazu,
zu Äpfeln, Zwiebeln unbedingt
gehör´n auch die, dass es gelingt.

Zurück beim Metzger reklamierte
ich, dass mir fehlt das Deputierte
und gab laut schimpfend keine Ruh´,
dass Leber, Herz gehört dazu!

Der Metzger war zwar nicht erfreut,
doch eh´ es kam zu einem Streit
gab er mir, höhnisch unter Scherzen,
´nen Beutel Gänseleber, -herzen.

Bald duftet nun durchs ganze Haus,
die Weihnachtsgans als Festtagsschmaus.

Nicht nur zum Essenzubereiten
braucht Lust und Lieb´ man allezeiten.

Auch für die, die stets an dich denken,
dir gern zu Weihnacht etwas schenken,
dich lieben nur um deinetwillen
die dich verstehen auch im Stillen,
mit Herzlichkeit dich froh ertragen
und nie ein böses Wort dir sagen.

Was für Gemeinsamkeit ist wichtig,
ist auch beim Kochen immer wichtig:
Drum gilt auch stets für Gans „aux goût"
der Spruch:
                Das Herz gehört dazu!

Weihnachtsabend

Nun endlich ist die Arbeit aus,
der Feierabend kommt.
Jetzt will ich schnellstens nur nach Haus,
wie 's Heiligabend frommt.

Zum Glück hat 's nach der Mittagspause,
mit den Kollegen im Betrieb
gegeben noch 'ne kleine Sause,
die uns den Arbeitsstress vertrieb.

So kann mich jetzt nichts mehr verdrießen!

Zuhause warten alle schon
den Weihnachtsabend zu genießen.
Familienfreude ist der Lohn.

Wird es zur Weihnacht doch noch weiß?
Schneeflöckchen leise fallen,
wie es begehrt von Kindern heiß.
Ich muss mich nur anschnallen
und tucker mit dem Auto los.

     Doch was ist auf der Straße los?

     Im Schneckentempo geht 's voran,
     da könnt' zu Fuß ich gehen,
     Sind die Schneeflöckchen Schuld daran,
     die nur ganz zart zu sehen?

     Nur rote Lichter vor mir sind,
     es staut sich immer wieder…

Zuhause wartet Frau und Kind,
zu singen Weihnachtslieder.

     Kann das nicht langsam schneller gehen?
     Sonst nadelt schon der Weihnachtsbaum,
     bis ich kann vor ihm stehen.

Und wieder stockt 's... Ich glaub es kaum,
was da ich musste sehen:

Ein großer Schlitten vollbepackt,
bremst aus die Autoschlange.
mit Rentieren. Der macht 's vertrackt,
dass ich muss warten lange.

Zu überholen ist sehr schwer,
der Schlitten ist arg breit
und noch dazu Gegenverkehr
zur Feierabendzeit.

Der Weihnachtsmann hat nicht bedacht,
zu dieser späten Stunde:
Jeder sich auf den Heimweg macht
zur familiären Runde.

Ich fluche und ich hupe laut,
doch nichts treibt ihn zur Eile.

Dann hab´ vorbei ich mich getraut.
nach einer langen Weile.

Komm endlich in das Haus gerannt,
wo Frau und Kind schon warten.
Die Kerzen sind längst abgebrannt,
doch Weihnacht kann nun starten.

Das Festmenü, der Weihnachtspunsch,
im frischen Kerzenglanz,
erfüllter Kinderträumewunsch
stimmt weihnachtlich uns ganz.

Bei Tannenduft und Musik dann,
wird es noch richtig nett.

Als endlich kommt der Weihnachtsmann,
ist 's Kind schon längst zu Bett.

Weihnachtsstimmung

Es funkeln tausend Sterne
am Firmament ganz schwarz,
weit droben aus der Ferne
wie strahlend heller Quarz.

In Stuben scheint es milde
im Kerzenlichterschein.
Ein weihnachtliches Bilde
zieht in die Herzen ein.

Festlich ist es geschmückt.
Man sucht sich nun ein Plätzchen
und aneinander rückt
ganz nah zu seinem Schätzchen.

Vorbei sind Hast und Eile,
ein Hauch von etwas Frieden,
zumindest eine Weile,
zum wahren Fest der Lieben.

Weihnachtswünsche

Manch einer hofft sein Wunsch und Traum
liegt hübsch verpackt beim Tannenbaum
und wird erfüllt zu Weihnachtszeiten
um so ihm Freude zu bereiten.

Doch wenn der Wunsch wird nicht benannt,
wird selten richtig er erkannt.
dass man auf Träume, die da waren,
muss selber ewig lange sparen.

Denn unser armer Weihnachtsmann
Gedanken doch nicht lesen kann.
Auch tut er manchmal sich recht schwer,
wenn ist der große Sack fast leer.

So er nur meinen Wunsch drin findet,
der "Fröhlich Weihnacht" Euch verkündet
und wir gesund uns wiederseh´n.

Der Wunsch soll in Erfüllung geh´n!

Weinweihnacht

Der Baum ist gar herrlich und festlich geschmückt.
Ein Weihnachtslied ist grad verklungen.
Du sinnst nach dem Text und fühlst dich bedrückt.
Als Kind hast du gern mit gesungen.

Du denkst an die eigene Kindheit zurück.
Geschenke legst du unter 'n Baum,
und hoffst auf der Kinder Freude und Glück
wenn sie ihre Wunschträume schau'n.

Die Kerzen verbreiten ein warmes Licht,
und du schimpfst dich töricht und dumm:
Dir laufen die Tränen grad übers Gesicht,
bist traurig und weißt auch, warum:

Die Heiligste Nacht ist allgegenwärtig,
doch tut dir der Frohsinn der Menschen weh
und macht dich zur Weihnachtszeit ganz fix und fertig.
Du drehst dich nur um, gehst hinaus in den Schnee.

Denn du bist der Weihnachtsmann, rot-weiß und bärtig,
und du musst noch weiter nach jott, wee. dee...*

(*janz weit draußen)

Opas Weihnacht

Ein Tannenduft zieht durch das Zimmer -
zu Weihnachten riecht es so immer.
Kein helles Licht, nur Kerzenschein,
der lässt es recht gemütlich sein,
in dem so großen, altem Heim,
in dem lebt Opa ganz allein.

Ein Feuer lodert im Kamin
und macht es herrlich warm hier drin,
derweil fällt draußen Schnee und Regen
und kalter Wind will´s Laub wegfegen.

Er kuschelt sich tief in die Kissen
am Sofa und möcht´ auch nicht missen
den Weihnachtsliederschnulzenklang,
den früher er noch selbst mitsang.

Am Stövchen summte ein Kännchen Tee,
verlangt nach Rum vom Kanapee,
nach Printen, Spekulatius
als weihnachtlichen Naschgenuss.

Der Tag geht früh und Dämmerung
regt in ihm an Erinnerung
von Zeiten im Familienkreise,
als er noch nicht so alt und greise.

Da lärmt ein Klingeln in die Ruhe! -
Er schlüpft in die Pantoffelschuhe
und schlurft zur Haustür, fast empört,
wer denn so spät daheim noch stört.

    Dort stehen nass und durchgefroren
    die Enkel da mit roten Ohren
    und bringen Plätzchen mit und Kuchen,

um ihren Opa zu besuchen.
Sie wollten ihm 'ne Freude machen
und stürmen rein mit Reden, Lachen,
so dass gleich herrscht großes Gejubel
Stimmengewirr und lauter Trubel.

Zwar ist vorbei die Ruh' für heut',
doch Opa ist doch hoch erfreut,
denn diese laute Kinderschaar
macht Opas Weihnacht wieder wahr.

Er lächelt nun verschmitzt und weise
und dreht sein Hörgerät auf „leise".

Der Weihnachtsschmaus

Bei uns daheim, hübsch anzuschau´n
steht ein geschmückter Weihnachtsbaum.

Mit Äpfeln, kleine Weihnachtsmännchen,
silbern´ Lametta, gold´nen Bändchen,
mit bunten Kugeln ganz aus Glas,
mit Rauschgoldengeln gar fürbass,
mit Christbaumspitze bis zur Decken,
mit Schokoringeln, Zuckerschnecken,
mit Kugelketten, spitzen Sternen,
mit Zinnfiguren und Laternen,
mit hunderten von Lichtleinblitzen
die leuchten von den Tannenspitzen.
Darunter, mit Figur´n aus Holz,
die Krippe, die ist Vaters Stolz.

Am Tisch, zum Essen schön geschmückt,
sind Stühle schon bereit gerückt.

Platzdeckchen und auch Stoffservietten,
wo silbern´ sich Bestecke betten.
Zum Fest die Gläser aus Kristall
werden benutzt auch wieder mal,
wie´s Porzellan, das feine, gute,
das wartet auf die Weihnachtspute,
die duftend auf dem Tische steht -
weil Vater Wein noch holen geht.

Aus Schüsseln dampft Kartoffelkloß,
in Schalen die Burgundersoß´,
vom Pudding zum Danach genießen
in Strömen Schokolade fließen
und Rotkrautduft nach Nelken, Zimt,
der auf den Weihnachtsschmaus einstimmt,

durchzieht verlockend unsern Raum
mit unserm schönen Weihnachtsbaum.

Endlich kommt Vater mit den Flaschen,
dass anfängt unser leck´res Naschen
von all´ den schönen Köstlichkeiten,
die Mutter konnte zubereiten.

Aus seinen Flaschen voller Wein,
schenkt er mit Schwung die Gläser ein,
da - an ´nes Sternes spitzer Zacke
verheddert sich die Festtagsjacke:

Der Christbaum kippt, man glaubt es nicht,
ganz langsam aus dem Gleichgewicht.

Vater versucht den Baum zu retten,
verfängt sich in der Lichterketten,
und reißt ihn, mit Verwunderung,
in Richtung Tisch nun richtig um.

Wir sind erstarrt vor großem Bangen,
wie er versucht ihn aufzufangen,
doch, weil er noch die Flaschen trägt,
der Baum voll auf dem Tisch einschlägt.

Gleich sieht der schöne Weihnachtsschmaus
verwüstet wie ein Schlachtfeld aus:

Die Teller, Gläser und Besteck
die fegt der Baum vom Tische weg.
Die Christbaumspitze steckt im Braten,
der knusprig und so gut geraten,
Klöße verteilt an Tannenspitzen,
im Pudding silbrig´ Sternchen blitzen,
in der Schok´lade, milchzartfein,
da tummelt sich die Engelein,

Äpfel und Kugeln, klein und große,
die schwimmen in Burgundersoße,
und in den Zweigen hängt das Kraut
als der Lamettasturm abflaut.

Was alles war am Baum zur Zier,
hat sich verteilt im Essen hier.

Die Lichterkette noch mal zischt,
bis schließlich sie dann auch verlischt.

Der Vater brummelt nur geknickt:
„Mein Gott, was bin ich ungeschickt!
Der Baum ist hin und nichts zu essen -
die Weihnacht werd´ ich nicht vergessen!"

Derweil vom Radio tönt voll Freud:
„Oh du fröhlich´ Weihnachtszeit!"

Weihnacht im 21. Jahrhundert

Früher, da wurde noch gesungen
und Hausmusik dabei gemacht:
Aus allen Kehlen hat´s geklungen,
das Weihnachtslied der „Stillen Nacht".

Im Reich von Nussknacker und Mäusekönig
lag unterm bunten Tannenbaum,
beim familiären Chorgesang vieltönig,
vom Wunschzettel manch´ Kindertraum:

Da war die Puppenstube aufgebaut,
bestückt mit winzig´ Miniaturen.
Indianer hat man angeschaut,
ein Heer aus zinnernen Figuren.

Für ´s Kinderherz warteten dort
Puppen zum Anzieh´n und zum Lieben.
Mit Plüschteddies spielt´ man sofort,
und Blechautos zum Schieben.

Wollene Mützen, Schals, ein Tuch,
von Omas lieb gestrickt,
Holzschlitten, Steckenpferd und Märchenbuch
man unterm Baum erblickt´.

Da stand die Krippe mit dem Jesuskind,
die Spieluhr klimperte ganz leise,
ein Bauernhof mit Schaf und Rind,
und eine Eisenbahn fuhr rund im Kreise.

Nachdem bewundert war die Pracht
zum Freuen, Schmusen, Herzen
wurde die Zeit im Spiel verbracht,
bis abgebrannt die Kerzen.

Elektrisch Licht hängt heut´ im Baum,
kein Flackern oder rußen.
Und Wunschlisten enthalten kaum
etwas zum Herzen oder Schmusen.

Vom CD-Player kommt die Musik,
die „Stille Nacht" im Quadrosound.
Niemand singt heut´ mehr dazu mit,
festlich gestimmt und frohgelaunt.

Es hat sich der Geschenke Wahl
inzwischen schwer verändert!
Nur die Verpackung bleibt noch rustikal,
mit Schleifen goldgerändert.

Die Elektronik und High-Tech,
der Arbeitswelt entliehen,
vertreiben Spielzeuge aus Blech
und Kinderfantasien:

Transformer und der Action Män,
funkferngelenkte Rennmaschinen,
Roboter, Starwars-Capitän,
nur mit Computer zu bedienen.

Puppen, die sprechen, laufen, nässen,
aus Plastik, bunt und sehr zerbrechlich,
lassen die Kinder auch vergessen
wie man kann spielen doch vortrefflich.

Nintendo, X-Box, Software-Kriege,
ganz virtuell, der letzte Schrei.
Dass man mit Tablet, Handy siege,
da braucht das Kind niemand dabei.

    Ist das, was hier wird so beschrieben,
    tatsächlich noch das Fest der Lieben?

Schöne Bescherung

Ganz unerwartet, plötzlich ist
sie da die Weihnachtszeit.
Vorher war es noch lang dahin
und Ewigkeiten weit.

Auf einmal klingt Weihnachtsmusik
in jedem Kaufhausladen
und Tannenbäume steh'n im Weg
unter Einkaufsarkaden.

Und jährlich fängt die Hetze an
zum Kauf, um was zu schenken.
Nichts Großes, nur 'ne Kleinigkeit,
dass wir an andre denken.

Dies Jahr, so meinte meine Frau,
soll Schluss sein mit dem Eilen.
Gemütlich sollten wir die Zeit
zuhaus' zu zweit verweilen.

Wir wollen uns deshalb nichts schenken,
so hat sie abgemacht.

Doch ob mein Frauchen sich dran hält?
habe ich bei mir gedacht.
So ganz will ich dem klugen Spruch
aus Vorsicht nicht vertrau'n,
dass nicht mit leeren Händen dann
ich steh vorm Weihnachtsbaum,
weil ihr zu guter aller Letzt
fällt ein Geschenk doch ein.

Mit einem klitzekleinen Schmuck
will ich gewappnet sein.

Das Päckchen wird mit Glanzpapier
und Schleifen dekoriert,
mit hölzern kleinen Engeln noch
zudem ganz hübsch verziert.

Die kleine Überraschung hängt
versteckt im Weihnachtsbaum.
Zwischen Lametta, Kugeln viel
sieht man das Päckchen kaum.

Dann ist der Weihnachtsabend da,
und zu der Musik Klang
zündet die Frau die Kerzen an
bei weihnachtlich´ Gesang.

Erst leuchten sie ganz sachte noch,
verbreiten milden Schein,
dann brennen sie schon heller auf
am Tannenbäumelein.

An Kerzen hab ich nicht gedacht,
als ich ´s Geschenk versteckt:
Ein Schleifchenende zündelt sacht,
bis Feuer daran bleckt.

Bald brennt die Schleife auf wie Stroh,
und Tannennadeln glimmen.
An hölzern Engeln lichterloh
die Flammen höher klimmen.

Sie lodern auf in Tannenzweigen
laut knisternd, Funken sprühen
und während Flammen höher steigen
seh´ ich ´s Päckchen verglühen.

Erstarrt bin ich und fassungslos,
vor lauter Schreck noch blasser,

da läuft mein Frauchen auch schon los,
holt einen Eimer Wasser.

Mit lautem Zischen löscht die Glut
sie an dem brennend´ Baum.
Das Wasser tut dem Baum nicht gut,
vorbei mein Tannentraum.

Lametta, Kugel, Kerze, Päckchen,
was vorher ich mit Mühe
verteilt in grünen Tannenzweigen,
schwimmt nun in grauer Brühe.

Verschwunden ist die Stimmung auch
nach des Baumes Verheerung.
Durchs Zimmer zieht noch schwarzer Rauch
bei der schönen Bescherung.

Den Weihnachtsabend aber dann,
auf den wir uns so freuten,
dort in der Kneipe nebenan
wir feiern ihn
mit netten, fremden Leuten.

Weihnacht mit C *(2020)*

Gern erinnert man sich dran
an den lieben Weihnachtsmann,
dessen Kommen heiß begehrt,
weil er einst uns schön beschert
und sich unterm Tannenbaum
hat erfüllt manch Kindertraum.

Doch auch heut´, nach vielen Jahren,
wir den Glauben uns bewahren,
dass zur schönen Weihnachtszeit
uns beschert wird Fröhlichkeit,
Freude, Liebe und was Frieden
zu dem Fest im Kreis der Lieben.

Leider ist es dieses Jahr
nicht so, wie es immer war,
denn, wie jeder leider weiß,
feiert man im kleinen Kreis,
weil Gesundheit wichtig ist,
was sich in Beschränkung misst.

Auch der Baum - sonst groß und fein -
ist dies Jahr wohl eher klein,
denn man spart zu dieser Zeit
auch an Schmuck, allein zu zweit,
und darunter fehlen auch
die Geschenke, wie sonst Brauch.

Doch wir können allen schenken,
dass wir innig an die denken,
die uns lieb und teuer sind,
sind es Kinder, Enkelkind,
um mit Liebe sie bescheren,
als wie wenn sie bei uns wären.

Und gemeinsam in Gedanken
wollen froh wir dafür danken,
dass uns bald in bessren Zeiten
wieder alle uns begleiten.

Die Zeit zu Weihnacht

Fröstelnd geht die Zeit spazieren,
dick vermummt im eisig Wind,
der wohl Schnee will mit sich führen,
weil der Winter kommt geschwind.

Und sie hofft, dass dann vom Himmel
Schneekristalle rieselt her,
und vom Kirchlein das Gebimmel
kündet, was erfreut sie sehr.

Nun beschleunigt sie die Schritte,
denn es wird ihr selbst zu kalt.
Sucht sich Platz in unsrer Mitte,
wenn die Weihnacht kommt nun bald.

Nun könnt´ langsam sie verweilen,
dass das Fest wird lang und schön,
und sie brauchte sich nicht eilen,
wenn wir unsre Liebsten sehn.

Doch selbst in den dicksten Kissen,
heimelig beim Kerzenlicht,
und verwöhnt, um nichts zu missen,
findet Ruh´ sie leider nicht.

Bald sie hetzt hinaus ins Dunkel,
eilt voran mit schnellem Gang
Und zum Abschied hört man´s munkeln:
„Bis zum Neujahr ist´s nicht lang!"

Verschlafen

Petrus schaut zur Weihnachtsnacht runter auf die Welt:
Hat er sie doch weiß gemacht, was grad heut´ gefällt.
Sterne funkeln überall, Schnee der glitzert hell.
Glocken künden, laut es hallt: Weihnachtsmann kommt bald.

Und im Himmel aufgeregt alle sind bedacht,
dass die Kinder froh bewegt freu´n sich auf die Nacht.
Die Geschenke sind verpackt für die Kinder fein
und schon lange eingesackt, um verschenkt zu sein.
Und der Schlitten steht bereit. Rentiere woll´n los.

Fehlt nur noch der Weihnachtsmann Wo ist der denn bloß?

Gabriel wird was nervös, „Faulpelz, alter Mann“
schimpft der Engel laut und bös, „fang die Arbeit an!“
Doch kein Weihnachtsmann kommt her, niemand ist zu seh´n.
So wird das Verteilen schwer, wenn der will nicht geh´n.

Elfen suchen überall bis sie hören dann
wie vom Schnarchgeräusch der Schall weist zum Weihnachtsmann.
Liegt dort schlafend tief und fest, - Weihnacht er vergisst -
und vom Glühwein nur ein Rest noch im Becher ist.

Erbarmen kennt der Engel nicht: „Weckt den Weihnachtsmann,
dass er tue seine Pflicht. Zieht ihm Stiefel an,
gebt ihm Kaffee für den Rausch, dass er munter wird,
und dann tu´ er ohne Plausch Dienst gleich unbeirrt!
Höchste Zeit, dass er will geh´n! Kinder warten lang,
dass ihr Weihnachtsfest wird schön, auf den Weihnachtsmann.“

Und mit dickem Kopf treibt der seine Tiere an.
Ja, zu Weihnacht hat er ´s schwer, unser Weihnachtsmann.

Darum also grämt euch nicht, wenn dann unterm Baum
hat vertauscht der trunken Wicht den Wunschzetteltraum.

Wintermorgen

Es hat geschneit die ganze Nacht.

Nun zeigt sich alle Winterpracht
mit weißbestäubten Ästen, Zweigen
die unter Schneelast sich fast neigen.

Auch sonst ist alles zugedeckt,
und unter dichtem Schnee versteckt:
Das braune Laub, der Matsch und Dreck
sind nach der Regenzeit nun weg.

Als sei der Alltag mit verborgen
herrscht Stille so am frühen Morgen.
Am Thermometer Minusgrad.
Zum Vogelhaus kein Vöglein naht,
auch von den Katzen sieht man nur
im Schnee eine verschneite Spur.

Bis dort am fernen Horizont
die Sonne aus dem Bette kommt:
Zuerst mit rosa Wolkenhauch,
der zieht am Himmel fort wie Rauch,
dann steigt sie hoch zum Firmament
als strahlender Winterregent,
wodurch ihr Schein sich langsam ändert,
dass Baum und Strauch scheint goldgerändert.

Das Dorf glänzt in der Morgensonne,
und Ruhe herrscht noch voller Wonne,
die nur ein frischer Wind durchstreift,
der Schilf am Anger weiß bereift.
Ein Bach noch murmelt fern und leise
von seiner langen, kalten Reise.

Geschnatter dann von irgendwo.

Wohl Gänse, die nun schnattern froh,
weil sie entgingen dem Garaus
für einen leck´ren Festtagsschmaus.

3. Weihnachtstag

Der Weihnachtsbaum fängt ´s nadeln an,
beraubt der Zuckerkringel,
vernascht vom Sohn, dem Schlingel,
der nicht mehr glaubt dem Weihnachtsmann.

Die Berge von Geschenkpapier,
zerfleddert und zerrissen,
wurden nur hingeschmissen
und bald verbrannt im Ofen hier.

Auch sonst vom schönen Weihnachtsfest
ist nicht sehr viel geblieben.
Nur Karten, die geschrieben,
und von den Plätzchen nur ein Rest.

Nun endlich macht sich Ruhe breit,
die Frau ist aus dem Haus
tauscht die Geschenke aus,
und ich hab für mich endlich Zeit.

Genießen kann ich sie beim Rum,
mit Tee ein Hochgenuss.
Ich nichts mehr machen muss
bevor das ganze Jahr ist um.

Doch nein! Auch mich erwarten Pflichten:
Noch fehlen die Raketen,
die sich mein Sohn erbeten,
kann nicht Sylvester drauf verzichten.

So steh´ auch ich in langen Schlangen
von Vätern an den Kassen.
Werd´ nicht in Ruh´ gelassen
bevor das Neujahr angefangen.

Von Friede und Gemütlichkeit,
zu Weihnacht noch erträumt,
weil man sie oft versäumt,
schon nach zwei Tagen nichts mehr bleibt.

Zuhause wird geräumt, geputzt.
Die Hausfrau flitzt und eilt,
die Arbeit wird verteilt
und ich als Arbeitskraft genutzt.

Sie meint dann noch: „Mein lieber Mann,
brauchst dich nicht langeweilen
und solltest dich beeilen,
bevor das neue Jahr fängt an.!"

Raunächte *(Die 12 Nächte vom 25.12. – 6.01.)*

Nun endlich ist das Fest vorbei
mit Weihnachtsliederdudelei,
um, nach den Braten und dem Süßen,
die Hausmannskost neu zu genießen.

Dadurch wird wieder was gespart
- zu üppig es doch vorher ward -
weshalb an´s Konto muss man denken,
was wurd´ geplündert auch für´s Schenken.

So dünn, wie ist das Portemonnaie,
sich selber man gern wieder säh´,
denn in den Tagen nach dem Fest
meldet die Waage meist Protest.

Statt ärgerlich das Haar zu raufen
und wieder sich was Neues kaufen,
beschließ man dann zum guten Schluss,
dass abnehmen man wieder muss.

Drum will die Mahlzeit man vergessen,
statt zuzugreifen bei dem Essen
und nimmt nur noch so ab und an
vom Speisenangebot was an.

Man hofft dabei, dass kleinen Bissen,
beim Abnehmen doch helfen müssen.

Das geht noch gut – so eine Wochen,
dass Schmalhans Chef ist da beim Kochen,
doch immer öfter man schon murrt,
weil laut dabei der Magen knurrt.

Wenn nachts dann steter Hunger plagt,
man insgeheim sich schon mal fragt,

ob man vom Kühlschrankangebot
nicht doch was abnimmt in der Not.

Im Dunkeln wird dann hin getappt,
der beste Bissen sich geschnappt
mit dem Gewissen kurz gerungen
und eilends dann doch schnell verschlungen.

Dabei ist stets man auf der Hut,
was geht auch einmal, zweimal gut,
dass man nicht mit dem Eheweib
bekommt deshalb noch einen Streit.

Denn ihr musste man ´s fest versprechen:
Nur wenig essen oder zechen,
sich freiwillig selbst zu beschränken
und nur ans „Abnehmen" zu denken.

Doch leider dann zur dritten Nacht,
da ist sie doch mal aufgewacht
und hat mich dabei dann erwischt,
als ich mir etwas aufgetischt.

„Ich hatte doch nichts an den Ohren,
als du mir Abnehmen geschworen?"
Sie deutet auf Stapel Wurst
und auf den Schoppen gegen Durst.

Dass ich nicht wortbrüchig jetzt bin
fällt mir noch ein der Doppelsinn:
Dass Wort „Abnehmen" hat gestimmt,
weil auch ein Häppchen man „abnimmt"!

So hat zur Antwort sie bekommen:
„Ich hab ein Stück doch ab-ge-nom-men!""

Zwischen den Jahren

Das Jahr neigt sich dem Ende zu.
Man hofft, nun gibt es endlich Ruh,
um Hast und Trubel zu entrinnen
und sich auf Weihnacht zu besinnen.

Nach stressigem Geschäftsabschluss
folgt´ Einkaufshetze zum Verdruss,
denn schließlich will man wen beschenken
und muss an ´s Kartenschreiben denken.

Den Tannenbaum besorgt ruck zuck,
Geschenkpapier und Weihnachtsschmuck,
und vorbereitet mit viel Müh´
das weihnachtliche Festmenü…
so dass mit letzter Kräfte Rest
man feiert dann das Weihnachtsfest.

> Vielleicht merkt man beim Weihnachtsbaum
> ein bisschen Ruhe ist kein Traum
> und kurz, beim milden Kerzenschein
> kann man geruhsam ruhig sein.

> Wenn ist vorbei die Heilig Nacht
> das alte Jahr ist bald vollbracht,
> was stimmt uns etwas frohen Mutes,
> das neue bringt statt Hektik Gutes.

Doch eh´ in ´s Träumen wir verfallen
und Neujahr wieder Böller knallen
muss man in Kaufhäuser rein rauschen,
falsche Geschenke schnell umtauschen.

Auch muss die kurze Zeit man nutzen
im Haushalt auch etwas zu putzen:
Die Tannennadeln aufzusaugen
und Ruß der Kerzen abzustauben.

Auch Abendkleid und Smoking richten
und den Champagnervorrat sichten,
auch fehlen darf auf keinen Fall
das Feuerwerk zum Neujahrsball.

Ist der Kalender endlich leer
wünscht man erschöpft das Neujahr her
und dass nun diesmal ganz bestimmt
gelingt was man sich stets vornimmt:

    Mehr Zeit für die Gemeinsamkeit,
    für Ruhe und Gelassenheit.

Warnung

Nach Weihnacht gleich im neuen Jahr
ist manches anders, als es war.

    Man sollte sich belohnen
    und sich vor Ärger schonen
    drum lasst es besser bleiben
    auf Waagen aufzusteigen.

Sie zeigen unvoreingenommen
wie viel ihr wirklich zugenommen.

Endspurt

So ist es jedes Jahr doch immer:
Wird der Kalender immer dünner
nimmt stetig auch die Hetze zu.
vorbei sind Müßiggang und Ruh´.

Man hatt´ so viel sich vorgenommen,
bevor der letzte Tag wird kommen,
weshalb erledigt man und macht,
was bisher man noch nicht vollbracht.

Und viel zu tun steht auf der Listen:
Den Keller endlich mal ausmisten,
den Garten winterfest zu machen,
der Einkauf von Sylvestersachen,
aufräumen, putzen und sortieren,
herumwerkeln und reparieren,
die Post erledigen und schreiben,
Schulden bezahlen und eintreiben.
Zu vieles gibt es noch zu tun…
doch naht das Jahresende nun.

Dann ist es da: - Ein letztes Blatt
man am Kalender nur noch hat.
Und man stellt fest, man hätt´ beizeiten
schon vieles können vorbereiten,
auf dass sich bis zum Jahresende
so manches noch zum Guten wende.

Nun ist´s zu spät, die Zeit vorbei.
         Doch folgt darauf ein Jahr ganz neu!!!
Wenn man mal ganz vernünftig denkt
und Aufgaben gleich richtig lenkt,
indem man rechtzeitig beginnt

bevor die Zeit so schnell verrinnt,
man sich nicht mehr so eilen muss,
wenn wieder kommt der Jahresschluss.

Jedoch - bis dahin ist´s noch weit...
Genießt schön faul die lange Zeit.